AF603144

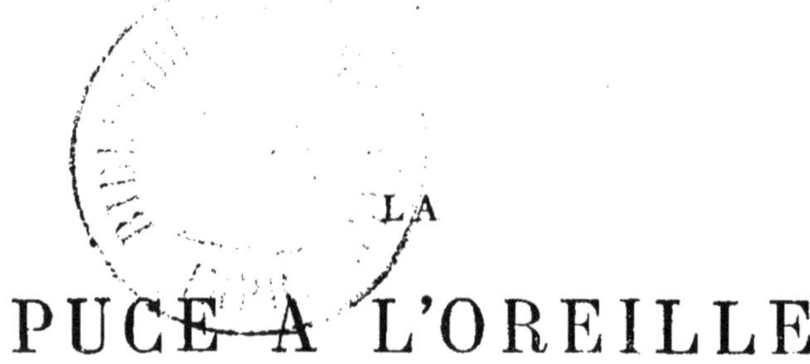

LA PUCE À L'OREILLE

COMÉDIE-VAUDEVILLE

Représentée pour la première fois à Paris, sur le théâtre du PALAIS-ROYAL, le 26 août 1867.

POISSY. — TYP. STÉR. DE AUG. BOURET.

LA
PUCE A L'OREILLE

COMÉDIE-VAUDEVILLE EN UN ACTE

PAR

LAMBERT-THIBOUST ET M. SIRAUDIN

PARIS
MICHEL LÉVY FRÈRES, LIBRAIRES ÉDITEURS
RUE VIVIENNE, 2 BIS, ET BOULEVARD DES ITALIENS, 15
A LA LIBRAIRIE NOUVELLE

1867

PERSONNAGES

RATABOUR, professeur de danse.	MM.	Désiré.
BACULARD, son ami, rentier..		Lhéritier.
FRIDOLIN, jeune gandin..		Priston.
CLARISSE, femme de Ratabour.	Mmes	Neveux.
BRINGUETTE, domestique..		Clary.

A Paris

Pour la mise en scène détaillée, s'adresser à M. Guénée, régisseur général du Palais-Royal, et, pour la musique à M. Robillard, chef d'orchestre au même théâtre.

LA

PUCE A L'OREILLE

Chez Ratabour. — Porte au fond donnant sur une antichambre.— A droite de l'acteur, une fenêtre, — A gauche, des portes latérales, l'une donnant dans la chambre de Clarisse.—Une porte latérale à droite, premier plan.

SCÈNE PREMIÈRE

BRINGUETTE, UN GARÇON DE BAIN, puis FRIDOLIN.

Au lever du rideau, un garçon de bain est en scène, à demi enfoui dans la baignoire qu'il porte.

BRINGUETTE, au garçon.

La!... passez par là... et ne vous cassez pas le cou...

LE GARÇON.

Ya pas de danger, mam'zelle Bringuette.

BRINGUETTE.

Ah! dites donc!... Vous monterez l'eau par l'escalier de service... j'ai pas envie que vous inondiez mon salon... j'ai frotté ce matin que j'en ai les pattes sans connaissance.

LE GARÇON.

C'est convenu, mam'zelle Bringuette.

BRINGUETTE.

Allez, mon brave homme.

Elle le pousse, le garçon disparaît à gauche. Fridolin entre vivement et va ouvrir la fenêtre.

FRIDOLIN, qui a regardé en dehors.

Le perroquet n'y est pas!

BRINGUETTE, effrayée.

Hein! quoi?... Au voleur!

FRIDOLIN.

M. Ratabour, S. V. P.

BRINGUETTE.

Ah! c'est le nouvel élève à monsieur. Et moi qui vous prenais pour un voleur!

FRIDOLIN.

Ça m'est égal... quand on a la conscience tranquille.

BRINGUETTE.

Monsieur n'y est pas. Il est allé chercher du bois.

FRIDOLIN.

Ça ne fait rien... j'attendrai.

BRINGUETTE, allant fermer la fenêtre.

Brrr!... mais nous sommes en janvier, monsieur... Il fait 8 degrés... au-dessous de zéro!

FRIDOLIN.

Oh! tu crois?...

Il lui prend la taille et l'embrasse.

BRINGUETTE.

Eh bien... qu'est-ce que vous faites donc?

FRIDOLIN.

Je consulte le thermomètre.

Il veut recommencer.

BRINGUETTE.

Voulez-vous finir!...

FRIDOLIN.

C'est dans l'intérêt de la science. Je suis concierge à l'Observatoire.

BRINGUETTE.

Touchez pas!

FRIDOLIN.

Appelle-moi Galilée! je tourne!

Il pose.

BRINGUETTE.

J'aime pas qu'on me prenne la taille.

FRIDOLIN.

Moi! je t'ai pris quelque chose?

BRINGUETTE.

Mais!...

FRIDOLIN.

Fouille-moi !

BRINGUETTE, riant.

Ah! ah! en voilà un drôle d'élève à monsieur!... Faudra que je le montre à madame... Elle me donnera deux sous... Ah! ça vaut ça!

Elle sort en riant toujours.

SCÈNE II

FRIDOLIN, seul.

Elle est gentille!... des petites fossettes drôles comme tout!... Si ce n'était pas une domestique, on lui meublerait quelque chose... Et elle me prend pour un pick-pocket. Allons donc! Je vais vous conter mon histoire. Je m'appelle Fridolin, je suis un petit crevé de province, venu à Paris dans l'intention de m'amuser. Un soir, je soupais chez Helder, un endroit excessivement chic! Voilà que tout à coup une petite blonde, qui roulait une cigarette dans mes parages, me dit: « Jeune homme, voulez-vous nous faire photographier ensemble? » Que vous dirai-je? Je suis spirituel, elle est femme, Albertine succomba. Elle s'appelle Albertine, et, par abréviation, Sonson. Vous ne la connaissez pas? Oh! si... une blonde. Voilà une femme amusante et pas poseuse. Je lui fais de petits cadeaux, parce que les petits cadeaux, les dîners, les bouquets, ça me va. Mais, pour l'éclairage complet, faut pas qu'elle y compte. Alors, elle a un ami, un ami plus a giorno que Bibi, et voilà pourquoi, il y a trois jours, elle m'a écrit ce fragment de littérature réaliste. Vous allez voir : (Il lit.) « Le petit homme à sa Sonson, mon vieux singe est à la méfiance; il a trouvé ta canne chez moi, cet objet d'art l'a rendu rêveur. Maintenant qu'est-ce qui a inventé un moyen de correspondre avec le petit homme? C'est la Sonson. Il y a dans ma maison, juste en face de mes fenêtres, un professeur de danse... Va chez lui, prends des cachets, et, tout en gigotant, regarde ma fenêtre... Quand j'accrocherai mon perroquet, c'est que ta petite loche sera toute seule, et tu pourras te suspendre à ma sonnette... Quand le perroquet n'y sera pas, c'est que le singe y sera... N'oublie pas cela, mon chien vert! pas de singe, le perroquet; pas de perroquet, le singe! » Voilà une femme qui m'aime, hein? Ont-elles des idées, les femmes!

BRINGUETTE, rentrant.

Tiens! encore à la fenêtre. Qu'est-ce qu'il a donc?

FRIDOLIN.

Au revoir, petite!

BRINGUETTE.

Vous partez, monsieur?

FRIDOLIN.

Oh! je reviendrai plus tard. Tu me plais, toi!... tu me plais. (Il lui prend le menton.) Tu as de petites fossettes qui me vont.

BRINGUETTE.

Touchez pas!

FRIDOLIN.

Que tu es bête!... Puisque je suis à Paris pour m'amuser!... Non... mais la... est-elle bête!

ENSEMBLE.

AIR : Quadrille du *Serpent à plumes*.

FRIDOLIN.	BRINGUETTE.
A prendre ma leçon Dans cette maison Je serai fidèle; Je veux, danseur modèle, Elever mon vol A trois pieds du sol.	A prendre sa leçon Dans cette maison Il sera fidèle. Il veut, danseur modèle, Elever son vol A trois pieds du sol.

Fridolin sort par le fond en battant un entrechat.

SCÈNE III

BRINGUETTE, CLARISSE.

BRINGUETTE.

Allons, c'est un joli toqué!

CLARISSE, paraissant de droite et allant à Bringuette.

Qu'as-tu donc?

Elle est en peignoir.

BRINGUETTE.

Rien, madame... c'est un élève à monsieur... il vient au moins dix fois par jour... et presque toujours quand monsieur n'y est pas. C'est égal, je crois que, si madame ne s'en mêle pas un peu, cet élève-là ne fera pas honneur à la maison.

CLARISSE.

Y penses-tu, Bringuette? moi, initier ce jeune homme à toutes les fantasias du cavalier seul!...

BRINGUETTE.

Bédame!... madame remplace quelquefois monsieur...

CLARISSE, avec pudeur.

Côté des jeunes filles, Bringuette.

BRINGUETTE.

Ah! bah! pour une fois!

LA VOIX DE RATABOUR, en dehors.

Par ici, mon brave homme...

CLARISSE, avec joie.

Mon mari!

SCÈNE IV

Les Mêmes, RATABOUR.

RATABOUR, du fond, suivi d'un commissionnaire qui porte du bois sur un crochet. Il va vite embrasser sa femme.

Bonjour, ma Nini!... (Au commissionnaire.) Posez ça là... près de la cheminée... Bringuette, aidez-le donc... La!... ça y est... Bringuette, versez à ce rude travailleur un verre de mon bourgogne de *cinquante-huit*... Rien qu'un verre... après quoi... (Il fait le geste de scier du bois.) hi hin! hi hin!... Ah! Bringuette, vous donnerez une bûche au concierge... rien qu'une... c'est la tradition. — Respectons la tradition, mais sans l'exagérer... Allez, mes enfants, allez.

Bringuette et le commissionnaire sortent.

CLARISSE, lui essuyant le visage.

Comme tu as chaud!

RATABOUR.

Je crois bien!... je suis allé à pied au chantier et revenu ibidem... deux voies de bois!... orme et chêne panachés!... qualité extra!... ça brûle comme des allumettes!... (Poussant un cri.) Ah!...

CLARISSE.

Quoi donc?

RATABOUR.

Ma Nini! sais-tu d'où viennent ces deux voies?... Tu vas bien rire... Devine.

CLARISSE, riant.

Dame!...

RATABOUR.

Non, tu ne devinerais pas, j'aime mieux te le dire :... de Nogent... Et sais-tu dans quel endroit il a été coupé? Dans l'île de Beauté, dans la propriété même de ton parrain, le père Camusot et compagnie.

CLARISSE.

Cette propriété où j'ai été élevée ?

RATABOUR.

C'est le marchand qui me l'a dit... — Oui, ma chère Nini, ces arbres dont le vert feuillage ombragea ta naïve enfance... (Montrant les bûches.) voilà!.. Comme on change, hein!...

CLARISSE.

Vraiment!...

RATABOUR, avec volubilité.

Camusot a tout vendu... lavage complet... Ah! tu les regrettes, ces discrets témoins de tes jeux primitifs, alors que tu sautais à la corde sans penser que le hasard jetterait sur ta route, à la fête de Saint-Cloud, ton petit Venceslas Ratabour, professeur de danse pour les deux sexes, quarante-trois ans, qui, à ta vue, s'écrierait comme un seul homme : « Saperlipopette! elle sera la mère de mes enfants! ous qu'est sa famille? »

CLARISSE, riant.

C'est vrai!

RATABOUR.

Ah! la fête de Saint-Cloud!... Tiens, ma parole d'honneur, je ne puis considérer ces deux objets (Il va décrocher deux grands mirlitons.) sans avoir ma petite larme... c'est bête comme tout, mais j'y vais de ma petite larme.

CLARISSE.

Ces mirlitons que tu m'as offerts...

RATABOUR.

Le premier jour où nous échangeâmes ce rapide regard qui dit un tas de choses!

CLARISSE.

Venceslas!

RATABOUR.

Ma Nini!...

Ils tiennent chacun un mirliton.

ENSEMBLE.

AIR de polka.

Viv' la fête à Saint-Cloud,
Ce dernier asile où
Un danseur ait la chance
D'faire sauter l'innocence.
Viv' la fête à Saint Cloud!

I

RATABOUR.

Ta maman, sous la treille,
Se payait d'la groseille,
Alors, je t'invitai
Avec timidité.

CLARISSE.

Pudique jeune fille,
Je t'accorde un quadrille;
Mais après!... quel moment!
J'avais perdu maman!...

Elle reprend seule le refrain, que Ratabour accompagne sur le mirliton.

II

CLARISSE.

Comm'Paul et Virginie...

RATABOUR.

Sous le mêm'parapluie...

CLARISSE.

Tu me reconduisis.

RATABOUR.

Ru' Pigall' quarant' six.
Le lend'main... un dimanche,
Je mets ma cravat' blanche.
Nos bans sont publiés...
Et nous voilà mariés.

Ratabour reprend seul le refrain, que Clarisse accompagne à son tour sur le mirliton.

Viv' la fête à Saint-Cloud,
Le dernier asile où
Un danseur ait la chance
D' faire' sauter l'innocence.

ENSEMBLE.

Viv' la fête à Saint-Cloud!

Ratabour embrasse sa femme.

LA VOIX DE BACULARD, en dehors.

C'est bien, mon enfant,... ne vous dérangez pas.

CLARISSE.

Ah! mon Dieu!... voilà votre ami, M. Baculard... je me sauve.

RATABOUR.

Pourquoi?

CLARISSE.

Je suis dans un désordre... et puis, je ne l'aime pas, votre ami... un homme séparé de sa femme, oh!... c'est immoral; je vous laisse. (A elle-même.) Et puis, mon bain doit être prêt.

RATABOUR.

Voyons, poupoule, dis-lui bonjour seulement.

CLARISSE.

Non, non... tu lui diras... ce que tu voudras!

Elle rentre chez elle.

RATABOUR.

Clarisse!... voyons, Clarisse!

SCÈNE V

RATABOUR, BACULARD.

BACULARD, mise légèrement tapageuse, le chapeau sur l'oreille.

Hé! le voilà, ce cher ami!... bonjour, Ratabour!

RATABOUR.

Bonjour, Baculard!

BACULARD.

Ta femme va bien?... Qu'est-ce que tu tiens donc là? des mirlitons?

RATABOUR.

Oui... je rangeais... je...

BACULARD prend un mirliton et lit les devises en les faisant tourner.

Lorsque sous l'hymen on l'engage,
Le beau sexe est parfois volage.

Parfois est joli!... ces poètes ont des licences!...

RATABOUR, lisant sur son mirliton.

C'est dans les chaînes de l'hymen
Qu'on trouve un bonheur certain.

BACULARD.

Il y a ça?

RATABOUR.

Regarde!

BACULARD, prenant le mirliton.

Oui,... mais au-dessous :

Quand un amant parvient à plaire,
Femme aussitôt devient légère.

Ce poëte aurait connu madame Baculard, mon épouse?

RATABOUR.

Ah! bon!... nous y voilà!...

BACULARD.

Cette chère Mélanie! elle ne pouvait pas me sentir... surtout depuis que je prenais de l'embonpoint... (Le regardant.) Ah çà! mais tu vas bien aussi, toi...

RATABOUR.

Moi!...

BACULARD.

Ça pousse.

RATABOUR.

Quoi! qu'est-ce qui pousse?

BACULARD.

Le petit bedon.

RATABOUR.

Je me porte bien...

BACULARD.

Du reste, c'est de ton âge... seulement, prends garde... tu es chauve, c'est suffisant... si maintenant tu te mets à prendre du ventre! Avec cela que ta vue baisse... dans trois mois, tu auras des lunettes... Chauve, obèse et aveugle, c'est trop! mon ami, c'est trop!

RATABOUR.

Ah çà! dis donc, toi!... tu m'ennuies.

BACULARD.

Je suis ton meilleur ami, je te dois la vérité... Je te signale ce que Balzac appelle des *symptômes*. Dis-moi, Ratabour, entre nous, sois franc : ta femme a-t-elle aimé quelqu'un avant son mariage?... a-t-elle eu son petit roman? a-t-elle eu des amants? Sois franc!...

RATABOUR.

Jamais de la vie!... Ah! il y avait bien un cousin qui lui faisait la cour... M. Arthur Cornillet... un petit serin!

BACULARD.

Enfin, un cousin ! oui... oh ! les cousins ne comptent pas... c'est par-dessus le marché !...

RATABOUR.

Mais elle ne l'aimait pas, puisqu'elle m'a choisi... C'est évident !...

BACULARD.

Mon bon Ratabour, méfie-toi : tu es marié depuis un an... tu entres dans la lune rousse.

RATABOUR.

Allons donc !... ma femme est charmante pour moi.

BACULARD.

Elle est charmante... symptôme ! A quel propos est-elle charmante ? Tu n'as pas d'esprit, tu n'es pas beau ; si encore tu étais distingué... mais quoi ! tu as l'air d'un garçon marchand de vins.

RATABOUR.

Baculard !

BACULARD.

C'est pas ta faute, je le sais bien... mais enfin pourquoi ta femme t'aimerait-elle, puisque la mienne ne pouvait pas me voir en peinture?... Ah ! tu es collé là!...

RATABOUR.

Oh!... ça n'est pas une raison... Toi... et moi !...

BACULARD.

Comment ! toi et moi ! Est-ce que je ne te vaux pas?

RATABOUR.

Je ne dis pas cela !

BACULARD.

Mais si fait... je te vaux bien. Est-ce parce que j'ai fait faillite en 54 ? J'ai donné dix pour cent à mes créanciers. Je suis un honnête homme... j'ai une fortune honorable.

RATABOUR, criant.

Mais qui te dit le contraire?... Seulement, tu en veux aux femmes ; tu ne crois pas aux femmes... Me comprends-tu? na !

BACULARD.

Parce que je les connais... Le jour où Mélanie... a dépassé les bornes de la fantaisie... j'ai été parfait de dignité avec elle, mon ami... j'ai agi avec désintéressement, avec noblesse !... je lui ai rendu sa dot...

RATABOUR.

Tu as bien fait.

BACULARD.

Redevenu garçon, j'ai cherché un être qui me comprenne... parce que, moi, j'ai énormément de cœur... il faut que j'en trouve le placement... je ne suis pas encore d'un âge qui... Pourquoi me regardes-tu? Est-ce que j'ai l'air d'une caricature?

RATABOUR.

Mais non!... Quel fichu caractère tu as!

BACULARD.

Enfin, cet être, je croyais l'avoir trouvé, mon ami!... une femme charmante... une voisine à toi...

RATABOUR.

La demoiselle d'en face?

BACULARD.

La petite Albertine, par abréviation Sonson. J'arrive chez elle... il y a trois jours... on me dit : « Madame est au bain. » J'entre... et je trouve ce jonc des îles... En rentrant, elle m'a dit : « C'est la canne du frotteur. »

RATABOUR.

Hagne!...

BACULARD.

Une femme pour qui je fais des sacrifices énormes... une femme dont je place avantageusement les capitaux, je soigne ses petites affaires, je fais valoir ses petites économies... Tiens, encore hier, elle m'a chargé de lui acheter vingt-cinq nords de l'Espagne à 412,75! « Madame est au bain! » Je la connais, cette phrase-là!... « A quel bain? lui dis-je. — Ma foi, je ne sais pas, » me dit-elle...

RATABOUR.

Hagne!...

BACULAR, agitant la canne.

Elle était au bain... chez le frotteur. Dans mon ménage, on me disait aussi : « Madame est au... » Cherchez donc! il y a trois mille établissements à Paris. Pendant ce temps-là, Mélanie assistait à des conférences sur nos fastes militaires, rue Saint-Lazare, numéro 140, chez un lieutenant au 2e grenadiers de la garde... Voilà comment les femmes entendent l'hydrotérapie.

RATABOUR, d'un air attendri.

Mon pauvre Baculard, va! (Riant sous cape.) Ce que Clarisse va rire, quand je lui dirai... hi hi hi!

SCÈNE VI

LES MÊMES, BRINGUETTE.

RATABOUR.

Ah! Bringuette, priez madame de venir.

BRINGUETTE.

Madame?... Mais, monsieur, c'est impossible... madame est au bain.

RATABOUR.

Hein?

BRINGUETTE.

Mais elle ne sera pas longtemps; monsieur peut-être tranquille!...

Elle rentre au fond.

SCÈNE VII

RATABOUR, BACULARD.

BACULARD, *d'un air désolé.*

Mon pauvre Ratabour, va!

RATABOUR, *furieux.*

Va te promener!... tu m'ennuies! Pourquoi ne serait-elle pas au bain?... Enfin, on prend des bains dans le monde!... puisqu'il y a trois mille établissements...

BACULARD.

Sans compter les bains froids.

RATABOUR.

Que le diable t'emporte! C'est vrai, tu n'as que des choses désagréables...

BACULARD.

Ah! tu aimerais mieux voir en moi un flatteur, n'est-ce pas? un faux ami! (*Ratabour s'est assis devant la cheminée, puis prend une bûche qu'il regarde machinalement avant de la mettre au feu.*) Moi, j'ai l'expérience de ces choses-là... Je suis un homme pratique, moi.

Ratabour se dresse comme un ressort, sa bûche à la main en poussant un cri.

RATABOUR.

Ah!

BACULARD.

Quoi donc?

RATABOUR.

Baculard!... regarde... lis...

BACULARD, lisant des mots écrits sur la bûche.

Une devise amoureuse!...

RATABOUR.

Lis!...

BACULARD.

« Clarisse et Arthur pour la vie, 1863. » Eh bien?

RATABOUR.

Mon ami, Clarisse, c'est le nom de ma femme; Arthur, c'est celui du cousin!

BACULARD.

Eh bien?...

RATABOUR.

Ce bois a été coupé dans la propriété du père Camusot, qui est le parrain de ma femme; dans cette propriété, elle a été élevée! comprends-tu?

BACULARD.

Grand Dieu!... la lumière se fait!

RATABOUR.

Ah! Baculard, soutiens-moi!

BACULARD, le soutenant.

Voyons, mon ami,... Ratabour, sois homme!... et d'abord, es-tu bien sûr que ce soit l'écriture de ta femme?

RATABOUR.

Il me semble que oui... Cette bûche révélatrice doit avoir des camarades. (Il saute sur les autres bûches, cherche parmi elles et en prend une.) Ah!...

BACULARD.

Quoi encore?

RATABOUR, tenant une deuxième bûche.

Un cœur enflammé!... percé d'une flèche!... avec des initiales, C. A. Plus de doute! elle me trompait!

BACULARD, parlant très-vite.

Tout s'explique. Le cousin est pauvre sans doute; elle t'a épousé par intérêt... tu es sanguin, tu as le cou court... se promettant de revoir l'autre, et, plus tard, le misérable compte épouser ta veuve!...

RATABOUR.

Ma veuve!... mais c'est abominable!

BACULARD.

C'est révoltant!

RATABOUR.

Mais j'ai des preuves... (Agitant la bûche.) Je tiens des preuves !... je cours chez l'avoué... je plaide en séparation !...

BACULARD.

Jusque-là, dissimule, sois aussi adroit que les coupables.

RATABOUR.

Oui... une séparation !

BACULARD.

Ta femme !... pas un mot... N'ayons l'air de rien !.

Clarisse paraît, les deux amis se mettent à danser l'un devant l'autre, tenant chacun une bûche à la main.

LES DEUX HOMMES.

Tra la la la !...

SCÈNE VIII

Les Mêmes, CLARISSE.

CLARISSE.

Ah ! mon Dieu ! quelle gaieté !

RATABOUR.

Oui... c'est Baculard qui va au bal...

BACULARD.

Et j'ai oublié la pastourelle... alors...

RATABOUR.

Alors, je lui donne une petite leçon...

CLARISSE, allant à la cheminée à droite.

A votre aise, messieurs !... Brrr ! je suis gelée !...

Elle prend une bûche et la met dans la cheminée.

RATABOUR, à Baculard.

Baculard, elle veut brûler sa correspondance !

BACULARD, bas, à Ratabour.

Faut l'en empêcher !

RATABOUR. Il passe au milieu.

Ne touchez pas à ce bois, madame.

Il retire la bûche de la cheminée.

CLARISSE.

Comment !

RATABOUR.

Ne touchez pas à ce bois, madame, je vous le défends !

BACULARD, bas.

Contiens-toi, Ratabour !... du calme !...

RATABOUR.

Éteignez tous les feux, plus de feux chez moi, jamais, jamais. Oui... oui... je cours chez l'avoué... Tiens, prends, mon ami... prends!...

Il saisit des bûches, les fourre sous les bras et dans les poches de Baculard, et en prend lui-même tout ce qu'il peut.

BACULARD.

Mais, mon ami, ça me gêne!

RATABOUR.

Ça ne fait rien!... viens! Malheur aux coupables!... malheur!

ENSEMBLE.

Rien n'égala,
Ne surpassa
Cette trame infâme.
Le tribunal appréciera
Et me vengera.

Ratabour entraîne Baculard tout ahuri. Clarisse s'accroche à Baculard. Les bûches tombent dans la lutte.

LES DEUX HOMMES, les ramassant vivement.

Ah! les bûches!

RATABOUR, hors de lui.

Chez l'homme de loi!

REPRISE DE L'ENSEMBLE.

Ils disparaissent par le fond.

SCÈNE IX

CLARISSE, BRINGUETTE, puis FRIDOLIN.

CLARISSE, seule.

Mais, décidément, ils sont fous... Ah! ce M. Baculard, c'est ma bête noire.

BRINGUETTE, accourant du fond.

Madame, monsieur est enragé... il a voulu me mordre.

CLARISSE.

Où court-il ainsi? Oh! je le suivrai... Bringuette, vite, mon chapeau, mon châle.

BRINGUETTE.

Tout de suite, madame.

Elle entre à gauche.

CLARISSE.

Ce sont les visites de ce M. Bacular qui lui font perdre la tête... Voilà pourquoi, depuis quelques jours, il néglige ses leçons...

BRINGUETTE, reparaissant.

Madame, v'là le châle et le chapeau.

CLARISSE.

Donne... donne vite. (S'enveloppant de son châle et se coiffant à la hâte.) Ah! monsieur Baculard, vous me le payerez!

FRIDOLIN entre vivement du fond comme à la scène 2, court à la fenêtre et l'ouvre.

Le perroquet n'y est pas!...

CLARISSE, qui allait sortir.

Un cocodès!

FRIDOLIN.

Oh! une petite dame!

Il salue.

BRINGUETTE, bas, à Clarisse.

C'est le nouvel élève à monsieur!

CLARISSE.

Le malheureux!... Il perdra toute sa clientèle!... Ah! si j'osais!... Bringuette, laisse-nous, mon enfant!

BRINGUETTE.

Oui, madame!

Elle sort à droite.

SCÈNE X

CLARISSE, FRIDOLIN.

FRIDOLIN, lorgnant Clarisse.

C'est quelque élève!... Elle est chatoyante!...

CLARISSE, troublée.

Mon Dieu! monsieur... M. Ratabour est absent... une affaire imprévue...

FRIDOLIN, à part.

Elle veut faire ma connaissance.

CLARISSE, d'une voix timide.

Mais, en son absence, si je pouvais... si j'osais... Monsieur veut-il que nous commencions?

FRIDOLIN, d'un air bête.

Que nous commencions, quoi?

CLARISSE.

Désirez-vous apprendre la polka, la mazurka, la valse à deux temps, la schotish ?... Parlez, monsieur, faites-vous servir.

FRIDOLIN, à part.

Ah! c'est la prévôte!... (Haut.) Je veux apprendre *le serpent à sonnettes!*... Je veux pincer *l'anguille tumultueuse!*...

CLARISSE, se levant.

Ah! mon Dieu! mais, monsieur, je ne la sais pas!

FRIDOLIN, se dandinant.

Oh! ne dites donc pas de bêtises!

CLARISSE.

Monsieur!...

Elle le regarde un instant et éclate de rire.

FRIDOLIN, riant aussi.

Vous voyez bien!... (Il prend une pose conquérante.) Faut pas qu'on pose avec Bibi!...

CLARISSE, à part.

Est-il assez réussi, mon Dieu!...

FRIDOLIN, à part.

Moi, à Paris, je m'amuse!

ENSEMBLE.

Air de quadrille.

FRIDOLIN.

Ici, j'ai droit, pour mon cachet,
A ma leçon de danse;
Je veux au fameux Flageolet
Faire la concurrence!

CLARISSE.

Vous avez droit, pour un cachet,
A ma leçon de danse,
Et, grâce à moi, de Flageolet,
Vous aurez la science.

CLARISSE.

Eh bien, monsieur, quand l'avant-deux commence,
Partez.

FRIDOLIN.

Je pars.

CLARISSE.

Crânement.

FRIDOLIN.

Crânement.

Le bras ainsi... balancez.

FRIDOLIN, l'imitant.

Je balance.

CLARISSE.

Attention... En avant!

FRIDOLIN.

En avant !

REPRISE DE L'ENSEMBLE.

Au moment où ils dansent en face l'un de l'autre, un pied en l'air, Ratabour paraît au fond, toujours une bûche à la main et une autre sous le bras.

RATABOUR, éclatant.

Misérables !

FRIDOLIN.

Ah ! voilà mon professeur.

Il retourne à la fenêtre et écarte les rideaux.

CLARISSE, bas, à Ratabour.

Mon ami, pendant ton absence, j'ai cru devoir te remplacer.

RATABOUR, se calmant tout à coup.

C'est bien, ma bonne Clarisse, laisse-nous.

CLARISSE.

Enfin, me diras-tu ce que tu as... et pourquoi tu sors en plein jour avec des bûches sous le bras?

RATABOUR.

Que veux-tu, ma bonne amie, il fait si froid !... nous avons un hiver si rigoureux !...

CLARISSE, riant.

Mais... tu fais donc du feu dans la rue ?

RATABOUR.

Peut-être, ma bonne Clarisse... Mais laisse-moi avec mon élève. Laisse-moi, tendre amie... je t'en prie.

CLARISSE.

Ma foi, je n'y comprends plus rien.

Elle rentre chez elle. Fridolin redescend en dansant.

SCÈNE XI

RATABOUR, FRIDOLIN.

FRIDOLIN.

C'est le coup de pied qui a un vrai chic !... A *la Fille-de-l'air*, la !... hop !

RATABOUR, à lui-même.

Ce jeune homme qui vient depuis huit jours... et sept fois par jour... Brrr !...

Il grince des dents.

FRIDOLIN.

Il a froid... Chauffez-vous donc!

RATABOUR.

Que je me chauffe!... (A part). Du calme!... mon avoué m'a dit que je n'avais pas assez de preuves... qu'il lui fallait toute la correspondance des coupables!... Du calme... J'ai affaire à des malins!... Ils sont forts!... ah! ils sont forts! ils sont bien forts!

FRIDOLIN.

Et, du reste, vous vous êtes toujours bien porté?

RATABOUR.

Parfaitement!

FRIDOLIN.

Je viens pour ma leçon, vous savez... Je manque de fion dans le cavalier seul... Faut me zinguer ça.

RATABOUR.

Oui... je tâcherai... (Fridolin retourne à la fenêtre. Ratabour tenant toujours sa bûche.) Que va-t-il faire encore à cette fenêtre? Cacher son trouble sans doute. Il se fait appeler Fridolin! C'est un sobriquet... On ne s'appelle pas Fridolin! On s'appelle Pichon, Robert, Dubourg, Ducluzaux, Bernard, Girard, Renard! au besoin, on s'appelle Voltaire.... mais Fridolin!... jamais de la vie.

FRIDOLIN, le regardant.

Qu'est-ce qu'il a donc?

RATABOUR, à lui-même.

Tu t'appelles Arthur Corniquet, scélérat, et tu es le cousin de ma femme! Voilà ce que tu es! Brrr!...

Il regrince.

FRIDOLIN.

Mais chauffez-vous donc!... avec votre bûche!

RATABOUR.

Oui, cher monsieur Fridolin... (Insistant.) Cher monsieur Fridolin! (Frappant sur sa bûche.) Coupé à Nogent... île de Beauté!... sur Marne... île de Beauté... Nogent... Nous avons le Rotrou, mais c'est Nogent-sur-Marne.

FRIDOLIN, indifféremment.

J'entends bien!

RATABOUR, à part.

Il ne se trahit pas!... Il est fort!... il est bien fort!... mais trahis-toi donc, brigand!

Il fait le geste de lui donner un coup de pied et lève la bûche en l'air. Fridolin se retourne. Ratabour prend un visage souriant et se met à chantonner en marchant.

FRIDOLIN.

Eh bien, et ma leçon?

RATABOUR.

Je vais vous faire danser!...

FRIDOLIN.

C'est le coup de pied surtout, que je vous recommande.

RATABOUR.

Soyez tranquille, la recommandation était inutile... le coup de pied y sera. Donnez-vous donc la peine de vous asseoir.

FRIDOLIN.

Pour danser ?

RATABOUR.

Asseyez-vous à cette table... Bien.. (Fridolin s'assied. Ratabour met devant lui du papier, de l'encre et des plumes.) Maintenant, faites-moi un cœur.

FRIDOLIN.

S'il vous plaît ?

RATABOUR.

Faites-moi un cœur.

FRIDOLIN.

Pour quoi faire ?

RATABOUR.

Ça me fera plaisir.

FRIDOLIN.

Oh ! je le veux bien... Voilà un cœur.

RATABOUR.

Enflammez-le-moi.

FRIDOLIN.

S'il vous plaît ?

RATABOUR.

Enflammez-le-moi.

FRIDOLIN.

Pour quoi faire?

RATABOUR.

Ça me fera plaisir.

FRIDOLIN.

Je le veux bien... Voilà la flamme.

RATABOUR.

Percez-le-moi d'une flèche...

FRIDOLIN.

Quelle drôle de leçon de danse!... Voilà la flèche... ça, c'est les plumes... le trait empenné!...

RATABOUR.

Donnez.

FRIDOLIN.

Ça va-t-il comme ça ?

RATABOUR.

Comme un gant... Restez assis... Maintenant, écrivez : « Clarisse et Arthur pour la vie, 1863. » En ronde.

FRIDOLIN.

Quelle drôle de leçon de danse!

RATABOUR.

« Clarisse et Arthur pour la vie... 1863. » En ronde... (A part.) Il hésite. (Haut, à Fridolin.) Est-ce que vous ne savez pas écrire?

FRIDOLIN.

Oh! si! Et le nom d'Arthur surtout... puisque c'est mon nom.

RATABOUR, éclatant.

Il l'avoue!... ah! misérable!..

Il le saisit à la gorge, le lève et le fait pirouetter.

FRIDOLIN.

Qu'est-ce qu'il a?

RATABOUR.

J'ai... j'ai que tu m'as trompé, j'ai que tu viens dans cette maison... pour une femme... une femme que tu oses aimer!

FRIDOLIN.

Ah! bah! vous le savez?

RATABOUR.

Mais cette femme, je l'aime aussi, entends-tu!... Nous sommes deux!

FRIDOLIN, à part.

Il aime Sonson!... C'est le singe!...

RATABOUR.

Entre nous, c'est un duel à mort.

FRIDOLIN.

Un duel? Écoutez... non... Je la lâche!... j'aime mieux ça!

RATABOUR.

Misérable!...

Il le secoue.

SCÈNE XII

LES MÊMES, BACULARD.

BACULARD, entrant.

Eh bien!... Ratabour!... (Il les sépare.) Des violences! toi!..

RATABOUR.

Baculard! empêche cet homme de sortir... Ces preuves,

me les faut... (Avec un cri.) Ah!... je cours les chercher... Empêche-le de sortir... ou je vous tue tous les deux!... tous les deux.

Il sort en courant par le fond.

SCÈNE XIII

BACULARD, FRIDOLIN.

BACULARD.

Ah çà! jeune homme, que se passe-t-il?... m'expliquerez-vous?...

FRIDOLIN.

Monsieur, je vas tout vous dire. C'est mon rival... mais alors, pourquoi m'a-t-elle dit de venir chez lui; ça ne s'explique pas... Elle me dit : « De là, vous pourrez voir si le perroquet est accroché... » Parce que, quand on n'accroche pas le perroquet, je ne monte pas... Vous comprenez!...

BACULARD.

Quel perroquet ?

FRIDOLIN.

Coco! (Insistant.) Coco! La petite m'aime, c'est pas ma faute. Tenez, voilà sa lettre... ça vous intéressera... (Il lit.) « Petit homme à sa Sonson... » Sonson, c'est son petit nom... c'est comme Nana, c'est comme Nini, c'est comme Bébé... son vrai nom, c'est Albertine... elle demeure en face... une blonde! je vas vous lire sa lettre : « Mon vieux singe est à la méfiance, il a trouvé ta canne. Cet objet d'art l'a rendu rêveur. » (Baculard devient livide. Fridolin continue.) Alors elle me dit de venir ici comme élève. Le perroquet, c'est notre signal, et je le vois d'ici... Quand le perroquet n'est pas accroché, je ne monte pas. (Achevant la lettre.) « N'oublie pas cela, mon chien vert; pas de singe, le perroquet; pas de perroquet, le singe. » (Baculard agite nerveusement la canne sur laquelle tombent les yeux de Fridolin. Souriant.) Tiens! c'est ma canne.

BACULARD.

Monsieur! le vieux singe, c'est moi.

FRIDOLIN.

Vous aussi?... Il y en a deux!...

BACULARD, le prenant au collet.

Un duel à mort!

FRIDOLIN.

Vous serrez trop!

BACULARD, le lâchant.

Le cri de cet homme me rappelle à la raison.

FRIDOLIN, respirant.

Sapristi !

BACULARD.

Soyons calme, soyons digne, soyons noble... Monsieur, vous m'avez trompé... elle aussi... voici vingt-cinq nords de l'Espagne... c'est à elle... c'est son bien... remettez-les-lui... soyez heureux... si vous pouvez l'être.

FRIDOLIN.

Mais, monsieur...

BACULARD.

Prenez, vous dis-je... Oh! l'infâme!... moi aussi, elle m'appelait son chien vert.

FRIDOLIN.

Oui... elle faisait de ça une circulaire.

BACULARD.

Oh! je veux la confondre...

FRIDOLIN.

C'est ça!... Rendez-moi donc ma canne.

BACULARD.

La traiter comme la dernière des créatures.

FRIDOLIN.

Non, vrai, j'y tiens, rendez-moi ma canne.

BACULARD.

Pas de perroquet, le singe!...

FRIDOLIN.

Elle m'a coûté cinq louis... chez Verdier.

BACULARD.

O ma mère! ma mère!...

FRIDOLIN.

Ah çà! voulez-vous me rendre ma canne, à la fin!...

Il s'accroche à Baculard, qui sort désespéré ; au même instant, Ratabour paraît ; il a sur le dos un crochet garni de bûches.

SCÈNE XIV

LES MÊMES, RATABOUR.

RATABOUR, pâle et digne.

Mon avoué sera content... j'ai sur le dos toutes leurs lettres d'amour... c'est une charge accablante... le tribunal appréciera...

FRIDOLIN, reparaissant avec sa canne, du fond.

J'ai repincé mon jonc! Où est mon chapeau?... Ah! le voilà.

BACULARD, se levant d'un bond.

Lui!...

FRIDOLIN.

Allons, bon! à l'autre maintenant! Tiens, il s'est mis en commissionnaire! c'est moi qui vais un peu m'en aller!...

Baculard sort comme un ouragan.

SCÈNE XV

RATABOUR, FRIDOLIN.

RATABOUR.

Restez!

FRIDOLIN.

On m'attend chez moi... c'est le jour de mon pédicure.

RATABOUR.

Ce spécialiste peut attendre.

FRIDOLIN.

C'est que j'ai des bottes neuves... ça me serre... alors, moi, je souffre.

RATABOUR.

Ça n'est pas vrai.

FRIDOLIN.

Oh! non! vrai! faut que je m'en aille.

RATABOUR.

Restez, vous dis-je!... Arthur, je ne vous cache pas que je voulais vous tuer.

FRIDOLIN.

Me tuer!

RATABOUR.

Vous et elle!... elle et vous!... mais j'ai réfléchi...

FRIDOLIN.

Vous avez bien fait, parce que...

RATABOUR.

Pas fini!... voici mon plan... vous allez quitter la France.

FRIDOLIN.

Ah! mais un instant!

RATABOUR.

Avec elle... avec votre complice...

FRIDOLIN.

Permettez...

RATABOUR.

Pas fini!... Et, quand elle sera loin... loin d'ici... et vous aussi... c'est alors que les tribunaux, que je vais éclairer avec ce que j'ai sur les épaules, prononceront notre séparation éternelle.

FRIDOLIN.

Il m'émeut! (D'une voix émue.) Ecoutez, franchement, vous prenez ça trop à cœur. Mais, si j'avais su que ça vous contrarierait comme ça, j'aurais dit : « Non ! non ! »

RATABOUR.

Merci, Arthur, merci! (Il lui serre la main. A lui-même.) J'ai appris de Baculard, dans ces solennelles circonstances, à être noble et digne... Attendez, Arthur, attendez...

Il va à son secrétaire.

FRIDOLIN, à part.

Pourquoi s'est-il mis en commissionnaire ?

RATABOUR.

Tenez !

Il lui donne des papiers.

FRIDOLIN.

Quoi ?

RATABOUR.

Prenez ! c'est sa dot !

FRIDOLIN, à part.

La dot de... ?

RATABOUR.

Soixante-quinze Sarragosse... ils ont baissé de cent soixante francs, soixante-quinze centimes... ils sont faibles, très-faibles... Jurez-moi, pour ma tranquillité personnelle, de ne les vendre que quand ils remonteront.

FRIDOLIN.

C'est bien difficile, ce que vous me demandez là ; je le jure !

RATABOUR.

Seulement, j'exige que vous partiez tous deux pour l'Amérique.

FRIDOLIN.

S'il vous plaît?

RATABOUR.

Nord ou Sud, Sud ou Nord, ça m'est égal !

FRIDOLIN.

Ça vous est égal, à vous, mais à moi...

RATABOUR.

Et retenez bien ceci, z'Arthur... vous le voyez, en ce moment, je suis digne, je suis noble...

FRIDOLIN.

Oh! vous savez, pour la noblesse, il y a beaucoup à redire.

RATABOUR.

Mais, si jamais je vous rencontre, je vous fais sauter...

FRIDOLIN.

Quoi?...

RATABOUR.

La cervelle... Pan! pan!

FRIDOLIN.

La cervelle!

RATABOUR, avec un sourire bon enfant.

Oh! mon Dieu, oui! chaque fois que je vous rencontrerai... pan! pan! dans l'oreille! Admirez-vous mon calme, z'Arthur?

FRIDOLIN, à lui-même.

Encore z'Arthur, et tout ça pour Sonson!... Sapristi! si on me repince au Helder! J'aime mieux Brébant, on est plus tranquille.

RATABOUR, regrinçant.

Brrrrr!

FRIDOLIN, effrayé.

On s'en va!

RATABOUR.

Pan! pan! dans l'oreille.

FRIDOLIN.

Dans l'oreille... oh! que ça fait mal.

Il disparaît par le fond.

SCÈNE XVI

RATABOUR, puis CLARISSE, puis BRINGUETTE, et LE COMMISSIONNAIRE.

RATABOUR.

Maintenant, allons déposer ces pièces de conviction chez l'homme de loi.

CLARISSE, entrant de droite.

Eh bien, mon ami... (S'arrêtant.) Ah! mon Dieu! que signifie?

RATABOUR.

Pas d'explications, madame,... Allez le retrouver.

CLARISSE.

Qui cela?

RATABOUR.

Votre complice... il vous dira tout.

CLARISSE.

Tout quoi?

BRINGUETTE, au commissionnaire qui emporte la baignoire, de la porte à droite.

Par ici... et prenez garde d'abîmer les tableaux.

LE COMMISSIONNAIRE.

Y a pas de danger.

Bringuette et le commissionnaire sortent par le fond.

RATABOUR.

Clarisse, que veut dire cette baignoire?

CLARISSE.

Cela veut dire que j'ai fait venir ce matin dans ma chambre...

RATABOUR.

Attendez! quand j'ai demandé à Bringuette où vous étiez, et qu'elle m'a répondu : « Madame est au bain! » c'était donc ici?

CLARISSE.

Mais sans doute... Sortir par ce froid... moi qui suis frileuse comme une chatte !

RATABOUR.

Mon Dieu! quel idiot que ce Baculard!... Innocente!... ah! ma Clarisse! ma Nini, mon... (La repoussant et changeant de ton.) Arrière, odalisque! femme de la Régence! il y a autre chose! J'ai votre *dossier* sur mes épaules!

CLARISSE.

Mais vous m'impatientez! parlez donc...

RATABOUR, qui a ôté son crochet.

Madame, nous avions le langage des fleurs; grâce à vous, nous avons maintenant le langage des arbres. Reconnaissez-vous cette écriture? « Clarisse et Arthur pour la vie, 1863. »

CLARISSE.

Oui... je la reconnais... c'est celle de mon cousin Arthur.

RATABOUR.

Vous l'avouez?

CLARISSE.

Ce nigaud d'Arthur!... parce que je ne voulais pas de lui... pour me taquiner... il inscrivait mon nom sur tous les arbres...

RATABOUR.

Vous ne vouliez pas de lui?... Amère dérision! pourquoi?... Vous mentez, madame, je sais qu'il vous faisait de l'œil.

CLARISSE.

De l'œil, oui... de l'œil droit surtout... parce que le gauche... pauvre garçon!... je n'ai jamais pu le regarder sans rire.

RATABOUR.

Pourquoi ?

CLARISSE.

Mais...

RATABOUR.

Pourquoi ?

CLARISSE.

Eh bien, parce qu'il avait un œil de verre, là! Êtes-vous content ?

RATABOUR.

Un œil de verre ?

SCÈNE XVII

LES MÊMES, FRIDOLIN.

FRIDOLIN, montrant sa tête par la porte entre-bâillée du fond.

Monsieur, elle ne peut pas partir pour l'Amérique... Elle a un bail !

RATABOUR

Ah! je vais savoir la vérité. (A Fridolin.) Approchez, Arthur.

FRIDOLIN, souriant.

Me voilà !

Il salue et veut lui donner la main, puis salue Clarisse.

RATABOUR.

Trève de salutations ! ôtez votre œil !

FRIDOLIN, très-surpris.

S'il vous plaît ?

RATABOUR, tendant la main.

L'œil gauche... donnez-le-moi...

FRIDOLIN

Vous voulez que je vous donne mon œil ?

RATABOUR.

Pas le bon... celui qui est en verre... Allons, allons, vivement.

FRIDOLIN.

En verre ?... Mais je n'en ai pas.

RATABOUR, triomphant.

Vous entendez votre cousin, madame.

CLARISSE.

Mon cousin ?

FRIDOLIN.

Moi ! je suis le cousin de madame ?

CLARISSE.

Mais vous êtes fou ! Mon cousin est à la Havane depuis deux ans, dans la canne à sucre.

RATABOUR, ravi.

A la Havane ?

CLARISSE.

Tenez, je suis furieuse !... et si je ne me retenais...

RATABOUR.

A la Havane!... Oui, griffe-moi, ma Nini... bats-moi! pince-moi !... mais pardonne-moi !...

Baculard paraît au fond, il est tout épanoui.

FRIDOLIN, l'apercevant.

Encore le singe !

BACULARD, en descendant au milieu.

Dans mes bras!... Vous êtes donc son cousin ?

FRIDOLIN.

A qui ?

BACULARD.

A Sonson.

RATABOUR et CLARISSE.

Son cousin ?

FRIDOLIN, à part.

Ah çà ! je suis donc le cousin à tout le monde ?

BACULARD.

Pourquoi ne me le disiez-vous pas ?

FRIDOLIN.

Ma foi ! franchement, ça ne m'est pas venu dans le moment.

BACULARD

Elle m'a tout expliqué. Elle pensait que nous nous rencontrerions, et elle voulait savoir si j'étais jaloux. Cette chère petite, j'ai fait couler ses larmes!...

FRIDOLIN, à part.

Ah bien ! elle est dans les grands prix, celle-là !

BACULARD, tirant un perroquet de sa poche.

D'autant plus que j'ai tortillé le perroquet...

FRIDOLIN.

Oh! pauvre bête!

BACULARD.

Hein ?

FRIDOLIN.

Pas vous... Coco... Ah! à propos, je vais vous rendre vos nord de l'Espagne.

RATABOUR.

Tiens!... j'y pense!... et mes Saragosse?

FRIDOLIN.

Voilà, voilà!

RATABOUR.

Ah! mon ami Baculard, si tu savais!... ma femme est innocente...

BACULARD.

Bah!

RATABOUR.

Elle détestait l'homme aux devises!... Et puis la baignoire... les cœurs enflammés, les bûches, tout est expliqué.

BACULARD.

Allons, tant mieux. (A part.) Ce pauvre Ratabour, est-il niais! (A part) C'est comme... Sonson... (Montrant Fridolin.) elle l'a aimé un peu à quinze ans... amour d'enfance!... maintenant, elle ne peut plus le souffrir.

RATABOUR.

Vraiment?

BACULARD.

Ma parole d'honneur.

RATABOUR.

Ce pauvre Baculard! est-il bête!... Enfin, il en faut comme ça.

TOUS.

Il nous en faut comme ça!..

RATABOUR, au public.

Air de *Madame Favart.*

Pour moi, messieurs, voici l'instant critique,
Car à vous tous je viens timidement,
Soldat nouveau de la troupe comique,
Demander un billet de logement.

Ce soir, messieurs, pardonnez mon audace,
Puisqu'il faudrait, bonheur inespéré,
Pour qu'on lui fit une petite place,
Que ce nouveau fût par vous *Désiré*.
Pour qu'on lui fasse une petite place,
Ah! puisse-t-il être un peu désiré!

ENSEMBLE.

Si les amours vivent d'orages,
Soyons heureux, car le bonheur,
En chassant de tristes images,
Rendra la paix à notre cœur.

FIN

POISSY. — TYP. ET STÉR. DE A. BOURET.

www.ingramcontent.com/pod-product-compliance
Ingram Content Group UK Ltd.
Pitfield, Milton Keynes, MK11 3LW, UK
UKHW022008260726
13994UKWH00004B/1985

9 782329 339849